LA MONARCHIE

NATIONALE ET CHRÉTIENNE

DEVANT LA FRANCE

PAR

UN ANCIEN DÉPUTÉ

PARIS

HATON, LIBRAIRE-ÉDITEUR

33, RUE BONAPARTE, 33

—※—

LA

MONARCHIE

NATIONALE ET CHRÉTIENNE

DEVANT LA FRANCE

LA
MONARCHIE

NATIONALE ET CHRÉTIENNE

DEVANT LA FRANCE

PAR

UN ANCIEN DÉPUTÉ

PARIS

HATON, LIBRAIRE-ÉDITEUR

33, RUE BONAPARTE, 33

—

1873

LA
MONARCHIE
NATIONALE ET CHRÉTIENNE
DEVANT LA FRANCE

I.

L'histoire nous enseigne que dans les crises sociales, où le bien et le mal sont aux prises, les hommes qui cherchent la conciliation de principes contraires sur un terrain sans solidité, ne paraissent un moment sur la scène politique que pour être renversés par d'autres plus ambitieux, plus ardents, ou plus logiques.

Elle nous apprend avec quelle rapidité, en temps de révolution, les théories politiques arrivent à leurs conséquences extrêmes ; et, par suite, l'énergie que doivent déployer les bons citoyens pour en conjurer, dès l'origine, les funestes effets.

On dirait qu'il en est, à cet égard, des nations comme des individus. Lorsque les passions violentes se déchaînent dans l'âme humaine, il y a une première période où la liberté morale est entière, et où la volonté, aidée du secours divin, peut faire face au danger ; mais, ce moment passé, cette même liberté est comme paralysée, et le retour au bien et à l'ordre n'est alors que la réaction tardive contre l'excès même du mal.

Les événements de la Révolution française sont un exemple bien frappant de cette logique effrayante du mal déchaîné dans la société.

Pendant la courte période qui s'écoule de 1789 à 1793, les partis politiques n'apparaissent sur la scène que pour s'entre-détruire, et leur succession si rapide a fait dire au girondin Vergniaud que *la République, comme Saturne, dévorait ses enfants.* Ce sont d'abord les Constitutionnels ou révolutionnaires modérés qui, avec de bonnes intentions sans doute, ébranlent la royauté et la livrent désarmée à la violence des passions populaires ; les Girondins qui, malgré leur patriotisme et leur bonne foi, votèrent en grand nombre la mort du roi et expièrent sur l'échafaud leurs égarements politiques ; enfin les Montagnards et les Jacobins sous lesquels la guillotine fit son œuvre de sang et qui se chargèrent de conduire jusqu'au bout le deuil de la patrie.

La situation où se trouve aujourd'hui la France a, sous

bien des rapports, de l'analogie avec celle de la première révolution ; c'est aux hommes qui en ont médité les événements, et qui croient à la responsabilité et à la liberté humaines pour la victoire du bien, à se lever, afin de ne pas revoir les jours néfastes de 93 !

Le parti radical grandit en audace et en nombre, et s'attaque à l'édifice de notre vieille société qu'il prétend reconstruire sur de nouvelles bases. Se portant héritier des Montagnards de 1793, dont il professe les doctrines, il a pour caractère distinctif, qui le marque d'un sceau de réprobation, la haine du christianisme et des institutions que cette religion a fondées.

Il a repris, à cet effet, la devise des jours mauvais : *liberté, égalité, fraternité ;* mais cette liberté n'est pas celle du bien, et n'a plus rien à faire avec la liberté morale apportée au monde par l'Évangile ; — *égalité ;* mais, au lieu de l'égalité des devoirs devant Dieu, c'est la négation des droits qu'Il a consacrés, dès le berceau de la société humaine, pour fonder la famille, la propriété, l'autorité ; — *fraternité ;* mais ce nom si doux aux chrétiens est ici travesti, car l'humanité y est conviée comme au banquet où se fera le partage des dépouilles.

En face de ce péril social, les hommes dévoués à la cause de l'ordre et de la conservation, et fermement attachés à leur religion, doivent donc s'unir et former une sorte de ligue du bien public, combattant pour ses autels et ses foyers, *pro aris et focis.*

Mais sur quel terrain se fera politiquement cette

réunion en un faisceau des forces sociales, telle est la question qui tient partout en suspens les esprits ; car, dans les conflits humains, on est obligé de quitter les principes abstraits pour la réalité des choses, et de descendre dans l'arène disputée des partis.

II.

Si l'on se rend compte de la puissance formidable du radicalisme, et des forces dont il dispose, à l'aide de la presse et de l'organisation de ses sociétés secrètes, la question posée peut se formuler ainsi : Quel est le drapeau qui a le plus de chances de grouper autour de lui les hommes animés des mêmes convictions sur les grandes questions sociales, et sur le rôle qui appartient au principe chrétien dans les institutions et dans les lois?

A cette demande, beaucoup d'esprits sérieux et honnêtes, appartenant à différentes classes de la société, oubliant les rancunes du passé, et se dégageant des préjugés et des influences du milieu où ils ont vécu, répondent :

Le principe monarchique est dans la tradition séculaire de la France ; il a su créer l'unité de la patrie, la faire grande, prospère, et libre sans licence ; il a été le port assuré où elle s'est réfugiée après les grands revers.

Il offre l'avantage d'opposer, par sa nature même, une barrière aux passions démagogiques et aux ambitions audacieuses, en même temps qu'il donne à toutes les forces conservatrices, tout à la fois, un point d'appui et de résistance contre l'envahissement des doctrines antisociales.

Et pour citer un exemple tiré d'une époque dont le souvenir est encore dans toutes les mémoires, rappelons-nous avec quelle énergie et quelle rapidité la France s'est relevée, sous la Restauration, en se confiant au pouvoir réparateur et paternel de l'antique royauté.

Quel gouvernement, de l'aveu même de ses ennemis, a montré plus de droiture et d'honnêteté, plus de ménagements envers ses ennemis, plus de sollicitude pour cicatriser les plaies que vingt-cinq ans de révolutions et de guerres sanglantes avaient faites au pays?

La bonne gestion des finances, la sage indépendance laissée aux corps municipaux, la modération des charges publiques, l'équité et la clémence dans les conseils, n'ont-elles pas été les traits distinctifs de ce gouvernement qui a relevé la France et lui a fait reprendre son rang parmi les nations de l'Europe?

Quand nous envisageons aujourd'hui, d'un œil impartial, cette période de 1815 à 1830, ne reconnaissons-nous pas que le gouvernement de la Restauration est tombé victime de la coalition des partis hostiles, qui ont usé contre lui, pour l'ébranler et le dépopulariser, de tous les moyens dont nous avons appris à connaître la puissance de destruction ; c'est-à-dire la presse, la tribune, l'opposition systématique dans les Chambres, se servant de tous les ressorts de la constitution comme d'autant d'engins de guerre.

« La liberté de la presse, a dit M. Alfred Nettement, « comme ces breuvages puissants qui fortifient quand ils « n'enivrent pas, avait donné le vertige à cette société ! »

La royauté, poussée enfin à bout, voyant le sol miné sous ses pas et désespérant de la légalité, a été amenée à un coup d'État pour sortir d'une situation dont la responsabilité morale ne saurait équitablement lui être imputée.

Si le pouvoir royal a succombé, après cette lutte de quinze ans, il faut l'attribuer à deux causes :

La première est qu'il a subi un nouvel assaut de la part du faux libéralisme, puissance fatale née de la philosophie du xviiie siècle, c'est-à-dire du rationalisme sentimental de Rousseau et du scepticisme railleur de Voltaire ;

La seconde, c'est que la charte de 1815, œuvre de théoriciens politiques formés à l'école de l'Angleterre, ne répondait pas aux vieilles traditions de la France.

La royauté avait été restaurée ; mais la constitution qui devait être son appui légal n'avait pas de racines profondes dans le pays, et ne pouvait y puiser la force nécessaire pour résister au mouvement d'opinion qui agitait les classes moyennes.

« Les institutions improvisées, pour ainsi dire, écrit
« encore M. A. Nettement, n'avaient pas été assez
« méditées. »

L'aristocratie territoriale trouvait, sans doute, sa
représentation dans la pairie héréditaire ; mais les universités, les cours de justice, les municipalités, les pro-
vinces, tous ces grands corps qui avaient été autrefois
des organes de la vie nationale, avaient disparu.

A leur place, avait surgi cette représentation tirée uni-
quement de la surface et du nombre, qui ne fait aucune
part aux grandes unités intellectuelles et morales, qui
traite le pays comme un tout formé d'atomes identiques
et sans lien de cohésion ; méconnaissant ainsi la variété
des organes par lesquels se révèlent les sentiments, les
passions, les intérêts, qui s'agitent au sein de la nation.

Mais, si nous cherchons à entrer plus avant dans l'es-
sence même du gouvernement monarchique, et dans les
rapports de cette forme politique avec le génie et la
mission de la France, il est des considérations bien faites
pour frapper les esprits non prévenus.

La France, que le grand poëte anglais a appelée : *le
soldat de Dieu*, est destinée, par son génie ardent et ex-
pansif, par sa situation géographique et politique, à jouer
en Europe un rôle actif et puissant ; rôle qui lui créerait
de grands dangers sans une ligne de conduite ferme et
soutenue, et sans un pouvoir doué de permanence et de
durée.

Avec un pouvoir sujet à des intermittences, la violence des passions politiques jetterait le pays dans des crises périodiques, dont certaines républiques du Nouveau-Monde nous offrent le lamentable spectacle.

L'ébranlement causé par ces crises se ferait sentir dans tous les organes de la vie publique ; car l'histoire nous démontre que les institutions qui ont tenu la plus grande place dans notre passé, telles que les parlements, les états généraux, les municipalités, oubliant la légalité sous le coup des entraînements politiques, sont presque toujours sorties de leur sphère d'action, et qu'un pouvoir modérateur, fort et respecté, est nécessaire afin de maintenir, entre les pouvoirs publics, cet état d'équilibre et de pondération mutuelle, où les hommes de sens placent la vraie liberté.

La puissance de la royauté gît aussi dans cette prérogative qui fait du souverain le symbole vivant de la patrie.

Nous savons tous quelle puissance acquièrent les sentiments et les idées, dès qu'ils quittent le domaine de l'abstraction pour s'incarner dans un être vivant de notre vie, partageant nos émotions, nos joies et nos souffrances.

Et qu'est-ce que le dogme fondamental du christianisme, si ce n'est Dieu revêtant notre humanité, pour venir au milieu des enfants des hommes ? N'est-ce pas pour cela que le culte que nous rendons à l'Homme-Dieu qui a souffert la mort pour nous, s'empare de toutes les ..

facultés de notre être, et nous maîtrise à la fois par la raison et par le sentiment?

Quelque chose d'analogue a lieu pour l'amour de la patrie : il cesse d'être un sentiment purement abstrait et il acquiert plus de force en prenant l'attache de la personnalité.

Lorsqu'il existe une dynastie dont l'histoire se confond avec l'histoire même de la nation, elle devient comme une sorte de tradition vivante de la patrie. Il s'établit, entre la dynastie et le pays, un lien d'affection qui ennoblit l'obéissance, qui élève le pouvoir dans le respect des peuples, et qui donne à son dépositaire, lorsqu'il en est digne, cette force que nulle autre ne remplace, parce qu'elle repose sur la libre sujétion des esprits et des cœurs.

Indépendamment de ce côté moral et élevé, le principe de la royauté nationale garantit au pays des avantages précieux : il est un frein aux ambitions démesurées, il assure la transmission régulière du pouvoir ; il donne une base permanente aux alliances extérieures ; et, en servant à maintenir une politique nationale, il profite à la grandeur et à l'influence du pays.

Mais c'est surtout dans les temps de crise, en face de grands périls extérieurs, ou d'agitations intérieures, que ces avantages ont tout leur prix.

S'il est un fait malheureusement établi en France, c'est la faiblesse actuelle de tous les gouvernements vis-à-vis des tentatives de révolution, sans doute, parce qu'après tant de bouleversements politiques qui ont engendré la lassitude et favorisé l'égoïsme individuel, aucun pouvoir ne réussit plus à identifier ses destinées avec celles du pays, et à inspirer ces dévouements qui vont jusqu'au sacrifice de la vie.

Cette faiblesse sera incurable, tant qu'on ne renouera pas, entre la nation et la dynastie, ce lien de fidélité que la révolution française a brisé.

Les émigrés qui ont porté les armes contre la France ont été coupables, sans doute; mais, comme le fait observer Chateaubriand, il faut, pour être juste, les considérer comme les derniers représentants de ce principe qui voyait dans le souverain le symbole vivant de la patrie.

Lorsque, à ce principe séculaire qui avait fait ses preuves, et auquel Louis XIV, après de grands revers, fit appel pour sauver la France d'une invasion, on a substitué celui de la patrie impersonnelle et identifiée avec le sol, bien des esprits furent séduits. Il leur sembla voir l'idée de la patrie, affranchie et épurée, s'élever radieuse, comme un pur esprit dégagé de son enveloppe terrestre.

Mais, ainsi qu'il en est advenu trop souvent, hélas! de nos prétendues conquêtes de 89, ce n'était là qu'une apparence trompeuse; et, lorsqu'on a vu, dans des moments difficiles, la nation divisée, les partis en armes, la guerre civile menaçante; ou bien encore, quand le sol de la patrie était envahi par l'ennemi, on a pu regretter le principe qui donnait un symbole toujours vivant à la patrie, qui en réunissait les forces de résistance ou de conservation en un faisceau puissant, et qui assurait au pouvoir cette unité d'action qui affirme l'autorité et commande l'obéissance.

Le danger serait plus grand encore, le jour où l'Assemblée des représentants du pays, dépositaire de la souveraineté nationale, se trouverait scindée en deux partis, égaux en nombre, et irréconciliables. Que deviennent alors la volonté nationale et le droit? Je cherche, malgré moi, au-dessus de l'arène des partis, un pouvoir indiscutable, représentant la vie permanente de la nation.

Sans doute, il y aura toujours un chef de gouvernement; mais il sera, le plus souvent, l'homme du parti qui l'aura porté au pouvoir; tandis que le Roi conserve ce caractère particulier d'être l'homme de la nation, de porter la même affection à toutes les classes de citoyens, et d'être, pour ainsi dire, le gardien du foyer de famille.

Ces mêmes considérations font voir, aussi, comment le pouvoir royal exerce une grande influence pour l'apaisement des partis; j'entends parler de ceux qui ne s'attaquent pas à la constitution elle-même et à la dynastie. Grâce à lui, les hommes politiques, comme les simples citoyens, peuvent avoir sur l'avenir de leur pays, sur la meilleure direction à donner à sa politique, des vues divergentes, et se rencontrer néanmoins dans leur affection ou leur respect pour la personne du Roi, et dans leur dévouement pour sa maison. C'est là un lien qui subsiste entre les partis, et qui peut les amener à des concessions mutuelles sur tout ce qui ne touche pas aux principes, mais seulement à leur application.

Ainsi je puis voir le souverain prendre tel ou tel ministre, suivre telle ou telle politique ; mais je modère l'expression de mes plaintes, et je fais les concessions d'opinion que je juge possibles, afin de ne pas compromettre un pouvoir qui m'est cher.

Si je vois, au contraire, le pays livré aux luttes des partis et aux compétitions des ambitions, sans un pouvoir modérateur qui les domine, quelle considération m'arrêtera pour amener le triomphe des idées dans lesquelles j'entrevois l'avenir du pays, et quel motif aurai-je, pour sortir de la formule abstraite qui résume ma conviction politique ?

En énumérant quelques-uns des avantages attachés à la forme monarchique, dans un pays qui est en possession d'une dynastie nationale, nous n'avons pas besoin de dire qu'il est de toute nécessité d'y allier des institutions représentatives, afin de corriger les entraînements du pouvoir, et d'associer la portion intelligente et éclairée de la nation, et le peuple, dans une mesure plus restreinte, à la gestion de ses affaires.

Les droits de la nation n'ont jamais été mis en doute, alors même qu'ils sont restés dans l'ombre, ou qu'il leur était fait une trop petite part. Sa participation à la con-

fection des lois est formellement consacrée par cette
maxime séculaire qui date de la monarchie carlovin-
gienne : *Lex fit consensu populi et constitutione
regis.* Les antiques maximes de nos pères, qui ne sépa-
raient pas le mandat confié à la dynastie d'avec les devoirs
qu'elle avait envers Dieu et envers la religion, reconnais-
saient même à la nation le droit de ressaisir la plénitude
de la souveraineté, dans les circonstances suprêmes, où
la royauté infidèle se serait laissé entraîner à certains
crimes, tels que la forfaiture ou l'apostasie.

Le chef de la maison royale de France a été d'ailleurs de lui-même au-devant des objections, en rappe-
lant les droits de la nation par ces paroles : « Les actes
« du gouvernement doivent être soumis au sérieux
« contrôle de représentants librement élus (1). »

Je viens de nommer ici le Prince auquel est échu le
rôle de représentant de la dynastie nationale, et qui,
de l'aveu de tous les partis honnêtes, porte cette haute
responsabilité avec une noblesse de caractère, un patriotisme, une droiture de sentiments qui ne se sont jamais
démentis.

Nous savons, grâce à ses déclarations loyales, qu'il a
pleine conscience de la grandeur de la mission qu'il peut
être appelé à remplir, et pour laquelle il attendra, a-t-il
dit, l'appel de la nation.

(1) Lettre de M. le comte de Chambord à l'un de ses amis de
l'Assemblée nationale, datée du 8 mai 1871.

III.

Le principe monarchique rencontre, en face de lui, des adversaires nombreux et de différentes sortes; et l'on ne saurait s'en étonner, après les essais malheureux de reconstitution monarchique faits depuis 1830. Aujourd'hui, au lendemain de la chute de l'Empire, les temps sont peu propices pour demander à l'opinion de porter un jugement calme et impartial sur cette forme de gouvernement. Des causes trop complexes ont contribué à obscurcir la raison publique pour qu'elle puisse distinguer entre les défauts inhérents à l'institution et les causes accidentelles de faiblesse qui en ont déterminé la chute; entre la véritable monarchie et celles qui n'ont été que des essais transitoires sans base solide.

Si, malgré les erreurs et les fautes commises par ces divers régimes, la cause n'est pas encore jugée devant le tribunal de l'opinion, c'est bien parce que le pays a un besoin impérieux de stabilité, et qu'il sent la nécessité de revenir à des principes qui assurent à la société attaquée une défense proportionnée aux dangers qui la menacent.

Nous ne nous adressons donc pas ici aux ennemis du principe monarchique, qui résolvent ces questions par l'appel aux passions, aux haines de caste, aux mauvais souvenirs de la révolution, mais aux esprits honnêtes et droits, et il en existe, qui sont épris de la grandeur apparente de la forme républicaine, à cause de la plus grande somme de dignité et de liberté qu'elle semble assurer aux citoyens.

L'idée de n'obéir qu'à la loi, de ne reconnaître autour de soi d'autre supériorité et d'autre hiérarchie que celles des pouvoirs institués par la nation, et relevant de sa volonté souveraine; ces idées égalitaires séduisent beaucoup d'esprits et leur apparaissent comme le trait distinctif d'une forme de gouvernement née du progrès de la raison publique, et qui marquerait une sorte de terme idéal dans la marche ascendante de la civilisation.

A cette catégorie d'adversaires, il faut en joindre d'autres, chez qui les changements de gouvernements et le spectacle de la chute de trois monarchies ont engendré la lassitude et le scepticisme politique. Ils se rejettent alors vers la forme républicaine, comme vers une sorte de terrain neutre qui n'engage plus la conscience et qui n'exige plus d'affirmation de principes.

Si le suffrage populaire, en effet, est devenu, pour le pouvoir, à tous ses degrés, l'origine de son droit et la mesure de sa durée; s'il est la seule puissance chargée de diriger le navire social sur la mer orageuse et semée d'écueils de la politique, la responsabilité individuelle se trouve bien amoindrie ; car c'est reconnaître que la société est placée sous l'empire souverain *du fait* qui seul créerait à chaque instant le droit ; maxime singulièrement accommodante pour les hommes dont l'énergie morale s'est affaiblie et qui redoutent de devoir prendre ces résolutions viriles, qui imposent des devoirs et des sacrifices.

A tous ces adversaires, républicains par principe, où nouvellement convertis, qui préconisent aujourd'hui la forme républicaine au nom de la liberté et de la dignité du citoyen d'un pays libre, nous demanderions de nous dire pourquoi le patriotisme et la vertu seraient moindres chez le fier montagnard de l'Écosse et du Tyrol que chez le Suisse ou l'Américain ?

Ne serait-il pas étrange d'admettre que les premiers sont moins élevés en dignité et en liberté, parce qu'il existe, dans la Grande-Bretagne et en Autriche, un pouvoir placé au-dessus des atteintes du vote populaire, en vertu d'un pacte antique conclu entre la dynastie et la nation, et reposant sur les fondements les plus respectables ?

Dans tous les cas, il faut bien reconnaître qu'il y a pour l'homme, et par conséquent pour le citoyen, une valeur morale et intrinsèque, puisée dans les principes qu'il a reçus, et qui ne sont pas, Dieu merci, du ressort des constitutions politiques.

Les institutions, les lois et la forme du gouvernement exercent sans doute une influence sur l'esprit public ; mais nous pensons que, chez les nations chrétiennes, celle-ci est beaucoup plus restreinte que chez les peuples de l'antiquité, où le législateur donnait à la nation son code civil et religieux, et façonnait, pour ainsi dire de ses mains, le moule dans lequel on élevait les jeunes générations.

Aussi, les mots de République et de Monarchie n'ont plus aujourd'hui la portée qu'ils avaient à Athènes et à Rome, et nos souvenirs classiques exercent, sous ce rapport, une sorte de mirage trompeur sur nos imaginations.

Montesquieu (1) y a contribué d'ailleurs pour une grande part en écrivant que *la vertu, c'est-à-dire*, selon lui, *l'amour de la patrie et de l'égalité, était le principe général du gouvernement républicain, et l'honneur celui du gouvernement monarchique.* Il a même ajouté qu'*il n'était pas nécessaire à ce dernier, pour se soutenir, de beaucoup de probité, et que, dans les monarchies, l'État subsiste indépendamment de l'amour de la patrie, du désir de la vraie gloire, du renoncement de soi-même, du sacrifice de ses plus chers intérêts, et de toutes ces vertus héroïques que nous trouvons dans les anciens, et dont nous avons seulement entendu parler.* Ces assertions ont rencontré,

(1) *Esprit des lois,* livre III, chapitres III et V.

de tout temps, d'énergiques contradicteurs ; et aujour-
d'hui, mieux qu'à l'époque où écrivait Montesquieu,
nous savons à quoi nous en tenir sur ces prétendues
vertus républicaines.

En émettant ces maximes, le célèbre philosophe était
l'organe de l'esprit de son siècle, et l'on peut reconnaître dans cette critique, ou plutôt dans cette satire de
la monarchie, l'auteur des *Lettres persanes*.

Épris des souvenirs de l'antiquité, il cédait, à son
insu, peut-être, à la satisfaction de rabaisser la civilisation moderne, née du christianisme, devant la civilisation païenne ; oubliant, ou du moins ne mettant pas en
pleine lumière, le fait dominant dans l'histoire des révolutions sociales, c'est que le paganisme a toujours traîné
à sa suite l'esclavage, sans avoir conscience qu'il por-
tait atteinte à la constitution divine de la famille comme
à la liberté et à la dignité de l'homme.

Nous savons, aujourd'hui, sous le coup de bien des
enseignements et de bien des désastres, que les vertus
publiques, comme les vertus privées, naissent de l'esprit
d'abnégation et de sacrifice, dont la source est dans les
croyances religieuses et dans la morale ; et que tout
ordre de choses qui ne repose pas sur ces fondements
sera de peu de durée, de quelque nom qu'il s'intitule,
Monarchie ou République.

Nous avons nommé plus haut la Suisse et l'Amérique,
et ce serait là, en effet, qu'il faudrait, au dire de beaucoup de nos démocrates, aller chercher le modèle des

institutions qui conviennent à la France. Il ne sera donc pas hors de propos de consacrer quelques mots à l'examen de cette question, ne fût-ce que pour montrer avec quelle réserve il faut conclure sur un si grave sujet.

Il suffit de connaître l'histoire de la Suisse, pour se convaincre que la forme républicaine y répond à des conditions topographiques et historiques toutes particulières.

La Confédération suisse est le résultat d'une agrégation de petits États, dont chacun occupait une vallée ou un groupe de vallées, creusées par les torrents des Alpes, entre les neiges éternelles où ils prennent leur source, et les rives ombragées des lacs où ils se déversent.

Chacun de ces petits peuples avait sa constitution propre, qui tenait, selon les cas, du gouvernement patriarcal ou de l'oligarchie féodale.

Ils se réunirent en confédération pour maintenir leur indépendance contre de puissants voisins ; et, lorsque le Directoire fit envahir la Suisse, en 1798, rien ne ressemblait moins à une république démocratique, comme on l'entend aujourd'hui, que l'état politique de ce pays, où les doctrines de la Révolution française furent reçues avec une véritable répulsion par la grande majorité des habitants.

Depuis lors, le lien fédéral a été en se fortifiant, aux dépens de la souveraineté des cantons. Après la guerre du Sonderbund, où succombèrent les petits cantons catholiques qui avaient formé le noyau primitif de l'ancienne confédération et qui en représentaient l'esprit, les cantons se sont vu enlever leurs prérogatives les plus essentielles, celles qui touchent à la liberté de l'Église et de ses institutions, et ils sont menacés de perdre ce qui leur reste d'autonomie.

Le radicalisme, après s'être attaqué d'abord, par des révolutions locales, à l'organisation politique des États isolés, se croit assez fort, aujourd'hui, pour mettre la main sur le pouvoir fédéral ; et c'est au moyen de la centralisation qu'il poursuit son œuvre, empreinte, ici comme partout, d'une hostilité ardente contre la religion catholique.

Cependant la constitution politique de la Suisse conserve, pour beaucoup d'esprits superficiels, une sorte de prestige, qu'elle doit aux souvenirs historiques si glorieux de ce pays, à ses mœurs jadis patriarcales, à la neutralité qu'il a conservée au milieu des luttes contemporaines.

Quelle illusion ce serait, néanmoins, que de considérer la Suisse comme une sorte de terre promise, qui aurait échappé au travail de désorganisation des sectes antisociales !

Si la forme républicaine y est reconnue la seule possible, si le patriotisme y est incontestable chez toutes les classes de la population, si la prospérité publique y est plus répandue que dans la plupart des États de l'Europe, il est hors de doute, aussi, que des divisions profondes y séparent les esprits et les cœurs, malgré les fêtes patriotiques et leurs bruyantes démonstrations.

Divisions de religion, puisque le protestantisme et le catholicisme se partagent ce petit peuple, et que le nouvel ordre politique a porté une grave atteinte au *modus vivendi* qui permettait aux cultes de vivre côte à côte et dans une paix relative; et nous sommes témoins, à Genève et ailleurs, d'attentats contre la liberté de conscience qui avait été garantie aux catholiques.

Divisions de races, puisque l'on y distingue la Suisse allemande de la Suisse romande ou de langue française, et qu'une sorte d'antagonisme s'est fait jour dans le vote récent sur la révision de la constitution fédérale.

Divisions politiques, enfin, puisque les tendances radicales ont pris le dessus dans plusieurs cantons, et que les troubles qui en ont résulté ont exigé dans plus d'une circonstance l'intervention fédérale pour le rétablissement de l'ordre.

Le radicalisme a pour allié naturel, en Suisse comme ailleurs, l'antichristianisme, qui a jeté dans le haut enseignement des universités ses germes de mort. Qui ne sait, d'ailleurs, que les doctrines qui attaquent chez N.-S. Jésus-Christ la divinité de nature pour lui laisser seulement je ne sais quel caractère de bienfaiteur de l'humanité et lui faire prendre place entre Confucius, Socrate et Platon, sont professées, aujourd'hui, par une phalange nombreuse de protestants, séparés des rationalistes par de bien faibles barrières?

Ceux qui voient dans le christianisme la pierre angulaire des mœurs et des lois, ceux qui pensent que l'amour des institutions nationales est, au même titre que celui du sol natal, un lien d'unité entre les hommes, ceux qui envisagent les questions sociales comme dominant aujourd'hui les questions politiques, et comme étant celles qui, par leur nature, peuvent jeter les germes de division les plus graves dans la société, n'ont pas de peine à se rendre compte des atteintes qu'a dû souffrir intérieurement le patriotisme, dans un pays travaillé par toutes ces dissidences. Ils se demandent avec tristesse, en songeant au passé glorieux de la Suisse, et à l'importance de sa conservation comme État indépendant pour la tranquillité de l'Europe, si ces germes d'affaiblissement sont neutralisés par des modifications constitutionnelles qui donnent plus d'unité d'action au gouvernement fédéral, et plus de consistance à l'organisation de l'armée.

Nous nous résumerons en disant : La Suisse est divisée d'une part sur les questions les plus graves qui touchent aux intérêts religieux ; tandis que, de l'autre, sa transformation en pays unitaire tend à abaisser les barrières qui la protégent contre l'Allemagne, au moment même où celle-ci aspire à absorber dans son sein tous les pays de race germanique.

Le moment paraît donc mal choisi pour aller demander le secret du gouvernement à un pays dont l'organisation politique paraît si sérieusement menacée dans l'avenir.

Sera-ce en Amérique que nous irons emprunter nos

modèles ? Sans doute, c'est là une grande et glorieuse démocratie, dont la prospérité matérielle est bien faite pour frapper l'imagination.

La facilité avec laquelle, après la guerre de sécession et la crise politique qui l'avait déterminée, le peuple américain a repris ses habitudes de travail et la paix publique s'est consolidée, est un fait extraordinaire, à beaucoup d'égards, et dont il faut tenir grand compte.

Mais, sans vouloir établir entre les États-Unis et la France, sous le rapport des institutions, des mœurs et des lois, une comparaison, pour laquelle trop d'éléments nous font défaut, il suffira, pour le but que nous avons en vue, de relever entre les deux pays quelques différences fondamentales, et de faire ressortir comment les mêmes lois, par suite de la diversité de l'état social, peuvent produire dans les deux pays des résultats bien différents.

La France offre dans son organisation administrative et politique, et dans toutes les institutions qui servent d'organes à la vie publique, l'image d'une puissante unité ; l'Amérique, au contraire, est une fédération d'États qui se sont agrégés librement, dont l'organisation subsiste et fait contre-poids au pouvoir fédéral.

La France, située à l'occident de l'Europe, et touchant, soit immédiatement, soit par la mer, à toutes les nations de l'ancien monde, est placée au centre de ce champ clos, où viennent se débattre, tour à tour, les projets ambitieux des princes, et les idées qui fermentent au sein des masses populaires ; aussi est-il bien peu d'événements européens qui n'aient leur contre-coup en France, bien peu de luttes dans lesquelles ses intérêts et son honneur ne soient engagés, et auxquelles elle puisse rester étrangère.

Les États-Unis, au contraire, isolés dans leur conti-nent, échappent à la plupart des difficultés politiques qui naissent des relations de voisinage, et qui exigent une action politique permanente et un état militaire respectable, deux choses qui seraient peu compatibles avec une république confédérée.

L'immensité du continent américain, la prodigieuse fécondité du sol, assurent un champ d'activité, pour ainsi dire sans limites, à cette population active et re-muante qui se recrute de tous les émigrants de l'ancien monde ; tandis qu'en France, les prolétaires et les dé-classés de la société sont un danger permanent pour l'ordre public.

Cette civilisation américaine, dont le caractère est es-sentiellement utilitaire, et qui a pour idéal le bien-être et la production ; qui relègue au second plan, comme de vains accessoires, les arts, la littérature, la philosophie, conviendrait peu à notre vieille France, issue de la ci-vilisation gallo-romaine et fille aînée de l'Église, tout imbue de traditions classiques, du culte des souvenirs, et, malgré les germes de décadence morale qui l'ont atteinte, tout éprise encore des nobles jouissances de l'esprit et du cœur!

Cette diversité de l'état social se manifeste encore dans la vie religieuse des deux pays.

La coexistence de différents cultes, en Amérique, correspond à cette période, où un peuple qui n'a jamais eu d'unité religieuse dans le passé, s'agite pour la recherche de la vérité, et cela explique comment le protestantisme n'y nourrit pas, contre le catholicisme, cette hostilité que l'on rencontre ailleurs.

Pour la France, qui a été catholique et chevaleresque, et qui, avant d'être la France de Voltaire, a été celle de Jeanne d'Arc, la situation morale est différente; tout ce qui s'est détaché du catholicisme, comme de l'arbre d'unité et de vie, est devenu hostile à cette religion, et tout ce qui tend à briser le lien religieux est une cause d'affaiblissement pour la nation.

L'Amérique, où existe la séparation de l'Église et de l'État, fait une loi pour l'observance publique du dimanche; tandis que la France, placée sous le régime des concordats et qui reconnaît un culte public, tolère la profanation générale et souvent officielle de ce grand jour.

Ce fait montre, à lui seul, la diversité des tendances des deux nations, dont l'une marche à la vérité, tandis que l'autre s'en éloigne. Elles peuvent, au point de vue de la législation positive, se rencontrer un instant sur un terrain commun; mais il y aura toujours une différence analogue à celle qui existe entre l'homme de bonne volonté qui désire s'éclairer et le chrétien infidèle à sa foi.

L'idée de donner à la France une constitution imitée de celle des États-Unis d'Amérique, s'était déjà produite dans l'Assemblée constituante, sous la première Révolution, par l'organe du girondin Brissot, et il est peu de réponse aussi éloquente que celle que lui fit Vergniaud.

On nous permettra d'en reproduire ici une partie, puisqu'elle est tout à fait dans notre sujet :

« Brissot qu'une instruction si variée, dit Vergniaud,
« a initié aux secrets les plus réservés de la politique,
« n'a cessé de nous présenter pour exemple cette législ-
« lation ultra-atlantique, bonne aux peuples qui se la
« sont faite, mais qui n'est pas plus applicable à notre
« monde usé que les cultures de l'Amérique à nos froides
« campagnes.

« Qu'est-ce d'ailleurs qu'un peuple colon? Une fa-
« mille adulte, une société de jumeaux en robe virile,
« qui ont reçu d'une éducation uniforme des facultés
« presque toutes pareilles entre elles, un état politique
« de convention qui n'a de but que sa durée, de gloire
« que son indépendance.

« Jeté simultanément dans un monde d'exil, ce
« peuple y arrive en voyageur et s'y impose facilement
« un contrat qui n'est que l'expression de ses intérêts
« les plus matériels, que la condition de cette existence

« relative dont le type n'est gravé nulle part dans la
« destination de l'homme, pacte viager qui n'emprunte
« rien au passé, qui ne doit rien à l'avenir.

« Il n'y a point de lois fondamentales, il n'y a point
« de religion pour une civilisation expatriée. Il faut
« d'autres bases aux législateurs du vieux monde.
« Quand la statue de Pygmalion fut animée du souffle
« créateur, les hommes tombèrent à ses pieds et re-
« connurent qu'elle était belle ; mais Rousseau lui-
« même ne lui a prêté que l'expression confuse d'une
« personnalité stérile. Aucun sein ne l'avait portée,
« aucun regard ami n'avait épié l'essai de ses premiers
« pas, aucune oreille n'avait été réjouie de ses bégaie-
« ments enfantins ; jamais ses doigts n'avaient joué
« dans des cheveux blancs ; jamais son cœur inquiet
« et curieux n'avait palpité sur un cœur ; caprice in-
« génieux de l'art, un moment vivifié par le feu de la
« nature, incapable de connaître le bloc même d'où
« elle est sortie, toute vivante, elle touche de toutes
« parts au néant, et la mythologie l'a si bien compris
« qu'elle n'a pas daigné la rendre mère.

« Votre république américaine, mon cher Brissot,
« ressemble beaucoup à cette statue.

« Quand Moïse conduisit son peuple dans la terre de
« Chanaan, il ne se contenta pas de lui dire : Je vous
« mène dans une région où coulent des ruisseaux de
« lait et de miel ; il lui dit : Je vous promets une terre
« qui a été promise à vos ancêtres, et que le Seigneur

« a marquée pour être le patrimoine des enfants
« d'Israël.

« Je comprendrais, poursuit Vergniaud, qu'on refît
« une civilisation dans notre Gaule celtique avec les
« souvenirs des Druides ; on n'en fondera point sur des
« idées purement morales. Telle est la destinée de
« l'homme.... La divinité qui préside aux créations so-
« ciales, ce n'est ni la doctrine du philosophe, ni l'expé-
« rience du légiste.

« Nous qui sommes venus à la fin d'une société,
« nous nous sommes épris de nos œuvres, en voyant
« derrière nous des ruines ; mais nous n'avons rien
« bâti. Les amants de Pénélope n'ont pas été plus
« amèrement trompés que ceux de la liberté.

« L'intelligence humaine a des nuits profondes qui
« détruisent l'ouvrage de ses jours. Tant qu'un siècle
» léguera au siècle qui le suit une page d'histoire, une
« tradition, un monument, une pierre, il ne sera pas
« permis de rien édifier (à nouveau).

« Pour les sociétés humaines, comme pour l'homme
« qui a vu beaucoup d'années, il n'y a de nouveau que
« la mort.

« Les Péliades, qui égorgèrent leur vieux père pour
« le rajeunir, étaient d'habiles républicaines ; elles sa-
« vaient le secret des révolutions. »

Ces éloquentes paroles, bien que datant de près de
80 ans, n'ont rien perdu de leur vérité ; et leur accent
triste et ému révèle déjà l'amère déception du penseur

et de l'homme politique, en face des ruines accumulées par la Révolution.

Peut-être, en les prononçant, Vergniaud avait-il comme un pressentiment secret que les Girondins n'échapperaient pas à cette loi fatale de la destruction des partis les uns par les autres, et que l'échafaud politique se dresserait aussi pour lui.

IV.

Après avoir exposé, en ce qui concerne la France, les principaux avantages de la Monarchie comparée à la forme républicaine, il nous reste à examiner quelques-unes des objections que l'on entend le plus fréquemment de la part des adversaires d'une restauration monarchique, et à rechercher à quelles conditions celle-ci serait possible.

On allègue, tout d'abord, l'influence pernicieuse qu'exerce sur l'état moral du pays la conduite si souvent déréglée des princes, et, plus encore, celle de leur entourage, ou de ce qu'on est convenu d'appeler leur cour.

Cette objection est très-sérieuse, et il est hors de doute qu'une royauté ne sera possible désormais en France, qu'à la condition de renoncer, en grande partie, à ce vain appareil extérieur dont le prestige s'est évanoui, et de faire refleurir, sur le trône, l'honnêteté et la dignité des mœurs, basées sur la pratique des vertus chrétiennes.

Tous les voiles sont aujourd'hui déchirés, et le peuple qui n'obéit plus qu'à l'ascendant moral ne se payera désormais ni de vaines apparences, ni de simulacres de moralité.

L'histoire sera là, avec ses avertissements redoutables, pour rappeler au souverain que l'irréligion et le relâchement des mœurs, dans son entourage, se communiquent rapidement aux hautes classes de la société, et deviennent des agents puissants de démoralisation pour les masses ; et nous savons que, parmi les causes qui ont amené la Révolution française, les plus pernicieuses ont été, sans contredit, la faveur accordée par l'aristocratie à la littérature licencieuse et antichrétienne du XVIIIe siècle, et les faiblesses du pouvoir royal, devenu infidèle à ses premiers devoirs, en ne veillant pas à la garde de la religion et des mœurs.

Aujourd'hui, par le concours de bien des événements où la main de la Providence paraît visible, le pouvoir royal s'est purifié de cet esprit de frivolité, de plaisir et de scepticisme, et il sait qu'il doit être le premier à donner l'exemple du respect pour les lois religieuses et morales, dont le maintien est nécessaire à la société.

Il a été rappelé par des chutes mémorables à l'observance de ce précepte divin : « Cherchez avant tout le « royaume de Dieu et sa justice, et le reste vous sera « donné par surcroît. »

Le pouvoir royal s'est purifié également de cet esprit de défiance envers l'Église, qui lui a été si nuisible sous le nom de *gallicanisme*.

Les événements ont montré que l'Église rend avec usure ce qu'elle réclame à la puissance civile d'aide et de protection pour le bien, et qu'elle est l'alliée la plus fidèle du pouvoir chrétien, vraiment digne de ce nom, c'est-à-dire relevant de Dieu et, comme dit saint Paul, tenant en main le glaive de la justice pour punir celui qui fait mal.

Où sont aujourd'hui ces légistes, ces grands politiques qui rêvaient d'affranchir la royauté de tout contrôle de la part du pouvoir spirituel, de mettre en tutelle l'Église, d'entraver sa liberté; qui veillaient, avec un soin jaloux, à ce que les communications entre le Saint-Siége et l'Épiscopat fussent soumises au *placet* royal, et qui ne s'apercevaient pas qu'à ce jeu dangereux la royauté ne grandissait que par les ruines qui se faisaient autour d'elle, et qu'affaiblir l'empire de la religion, c'était hâter le travail de désorganisation au sein de la société.

Les catholiques peuvent-ils avoir la confiance que le pouvoir royal a brisé à jamais avec ces errements qui lui ont été si fatals, et qui étaient les tristes fruits d'une politique inspirée non de la foi, mais de la vaine prudence du siècle? Nous le pensons fermement, car le Prince qui a souffert l'exil et qui porte si haut ses convictions religieuses a prononcé ces belles paroles :

« La liberté de l'Église est la première condition

« de la paix des esprits et de l'ordre dans le monde. »

Les épreuves de la royauté lui auront été également profitables au point de vue de sa mission populaire, en ce qu'elles lui auront appris à s'affranchir de sa sujétion trop grande vis-à-vis des hautes classes, toujours portées à circonvenir le souverain, et à lui faire envisager la situation du pays au point de vue qui leur est particulier.

« Je n'ignore point les leçons de l'histoire, a dit le « comte de Chambord, et les conditions de la vie des « peuples; comment tolérerais-je des priviléges? » Aussi le peuple moral et travailleur, l'homme de la campagne qui trace péniblement son sillon, et auquel tout dans la nature parle de Dieu, l'ouvrier des villes que les théories malfaisantes du socialisme n'ont pas égaré, las, tous deux, des agitations politiques, accepteront ce pouvoir tutélaire qui leur assurera la protection pour leur industrie et pour leur récolte, et la sécurité du lendemain.

Le peuple, livré à ses propres inspirations, est poussé par une force instinctive vers la royauté, image du pouvoir paternel; et il est plus enclin que les autres classes de la société à voir dans le souverain le symbole vivant de la patrie.

Si on lui rend sa liberté morale, qu'une presse licencieuse et antichrétienne travaille à lui faire perdre, si on lui fait comprendre que le Roi est l'humble serviteur de la religion, le peuple envisagera, comme douce e honorable, la soumission à une autorité qui lui garantira l'ordre et la paix.

Mais comment les classes moyennes pourront-elles accepter, à leur tour, une restauration de l'antique monarchie?

Ne sont-elles pas arrêtées par la perspective de déchoir du rôle prépondérant qu'elles ont exercé sur la direction des affaires publiques, et par la crainte de voir compromises les conquêtes politiques dues à l'avénement du tiers-état?

Ces objections nous sont connues : car le milieu où elles se produisent est le nôtre, et nous en entendons tous les jours l'écho; mais notre conviction est qu'elles ne sauraient prévaloir contre la juste appréciation des besoins de l'heure présente, et contre les dangers de l'avenir.

Si la bourgeoisie a été, depuis quarante ans, la classe dirigeante, et, depuis la révolution française, celle dont l'esprit a exercé le plus d'ascendant sur l'opinion publique, il faut bien admettre, quelque pénible qu'en soit l'aveu, que c'est sur elle que retombe en grande partie la responsabilité de la chute de tant de gouvernements, et de l'impuissance où a été la France de fonder un ordre de choses stable.

Ce résultat est dû, en grande partie, à ce que la classe moyenne a apporté au pouvoir l'esprit de la révolution, c'est-à-dire, l'indifférentisme religieux.

Or, « une nation chrétienne ne peut pas impuné-

« ment déchirer les pages de son histoire, rompre la
« chaine de ses traditions, inscrire, en tête de sa consti-
« tution, la négation des droits de Dieu, bannir toute
« pensée religieuse de son code et de son enseignement
« public (1). »

En outre, par le culte excessif des intérêts matériels
et l'esprit de lucre, le gouvernement de la bourgeoisie
a excité au sein des masses les appétits mauvais, sans
pouvoir, ni les assouvir, ni en arrêter plus tard le débor-
dement en leur opposant le frein moral et religieux ;
aussi, les classes moyennes se sentent-elles aujourd'hui
impuissantes à lutter contre un courant qui menace de
tout emporter, propriété, famille et religion.

Loin de nous, cependant, l'intention de méconnaître
les services rendus par la bourgeoisie, et les grands et
utiles côtés du rôle qu'elle a rempli dans l'État.

Elle a multiplié les institutions de crédit, donné un
grand essor à l'industrie, au commerce, fécondé toutes
les ressources du sol.

C'est à elle que l'on doit, en grande partie, le déve-
loppement de prospérité publique qui frappe tous les
regards, l'accroissement de la production, le bien-être
plus général, et l'instruction plus répandue dans toutes
les classes de la population.

Mais la défiance qu'elle a nourrie contre l'Église et
contre les influences religieuses, a rendu stériles beau-

(1) Lettre déjà citée du comte de Chambord.

coup d'efforts consciencieux tentés pour l'instruction et la moralisation du peuple.

La législation civile et l'enseignement ont été soustraits à l'action bienfaisante de la religion, et l'Université qui reflétait l'esprit et les tendances des classes moyennes, en favorisant l'indifférence en matière de foi, a tari, peu à peu, dans l'éducation publique, la source à laquelle les jeunes générations allaient puiser le sentiment du devoir et l'esprit d'abnégation et de sacrifice, qui font les grands caractères et les mâles vertus.

Quoi qu'il en soit, la Providence a envoyé aux hommes qui aiment leur pays et qui s'élèvent, par la droiture de leur esprit, au-dessus des préjugés de classe et des influences de leur éducation, de sérieux avertissements. Ils voient où les ont conduits les fausses théories économiques et sociales qui avaient remplacé le principe chrétien. Beaucoup qui n'ont pas le bonheur d'avoir la foi, reconnaissent, cependant, que c'est de là seulement que peut venir le salut. En face des attaques audacieuses dirigées contre les lois et les institutions sociales, ils tournent leurs regards vers ce code divin qui date du berceau de l'humanité, vers ce décalogue qui a consacré les grands principes de la propriété, de la famille, du respect dû à l'autorité, et que l'Évangile n'a fait que confirmer et compléter.

Les classes moyennes ne peuvent plus désormais s'isoler; il faut qu'elles se rattachent d'autres influences sociales, pour que ces forces coalisées opposent une digue au flot montant de la nouvelle barbarie. Mais, si le principe chrétien a seul la puissance nécessaire pour apaiser les haines sociales, pour servir de médiateur entre le pauvre et le riche, pour conjurer le cataclysme qui nous menace, il est temps de lui redonner sa place dans les institutions, les mœurs et les lois; il est temps, pour tous ceux qui l'avaient méconnu et qui voient aujourd'hui le danger, de quitter les loges maçonniques pour le temple du vrai Dieu.

V

Nous exprimons donc hautement l'espoir que cette portion de la bourgeoisie qui s'est élevée graduellement par
le travail, et qui, à défaut de glorieux services, peut se
vanter de traditions d'honneur et de devoir, en reviendra
à considérer la monarchie légitime comme une institution
nationale, et à tourner vers elle ses sympathies. Comme
la classe moyenne forme le noyau de la nation, et qu'elle
a pour elle le nombre et la plus grande somme d'influence sociale, elle absorberait, ce jour-là, le parti
légitimiste, et donnerait le signal d'un mouvement
puissant et irrésistible, parti du sein même de la nation.

Le parti légitimiste n'est que le dépositaire d'un
grand principe, auquel il a eu le mérite et l'honneur
de demeurer fidèle, mais qui ne peut revivre que du
consentement du pays. Dès l'instant où, par l'organe
de ses représentants, le pays proclamerait de nouveau la monarchie traditionnelle, en affirmant le droit

héréditaire de la maison royale de France, puisé dans l'histoire et dans la communauté de ses destinées et de celles de la patrie, il ne ferait que rentrer en possession du patrimoine qu'il avait temporairement aliéné.

Ce jour-là il pourrait y avoir des partis dissidents, mais il n'y aurait plus de parti monarchique : car la royauté est une institution assez large et assez patriotique pour abriter tous les intérêts et tous les droits, sans distinction de castes ni d'opinions.

Il faut donc se garder d'assimiler au triomphe d'un parti, la restauration de l'antique monarchie française, qui a été si chrétienne sous saint Louis, si chevaleresque sous François Ier, si populaire sous Henri IV, si glorieuse sous Louis XIV, si touchante et si malheureuse sous Louis XVI.

C'est d'ailleurs ce que le Prince qui la représente aujourd'hui a eu soin de déclarer :

« Je ne suis point un parti, a-t-il dit, et je ne veux pas
« revenir pour régner par un parti. Je n'ai ni injure à
« venger, ni ennemis à écarter, ni fortune à refaire,
« sauf celle de la France. Je ne ramène que la religion,
« la concorde et la paix. »

Le moment est donc venu pour nous, hommes du tiers-état, de laisser de côté les rancunes de caste et les préjugés d'éducation, triste héritage du passé !

Regardons autour de nous, et voyons, de bonne foi, à quoi se réduisent les influences de l'ancienne aristocratie : nous reconnaîtrons que là n'est plus le danger, et qu'il est tout entier aujourd'hui dans le déchaînement de la démagogie, en révolte ouverte contre l'ordre surnaturel et contre l'ordre social.

Si l'avenir nous réserve une restauration monarchique, comme un port après de nouveaux orages que tout fait pressentir, ce ne pourra être qu'une monarchie marquée de ce double sceau, d'être à la fois chrétienne et populaire, et c'est du sein du peuple chrétien que partira le mouvement pour s'étendre à toute la nation. Son véritable caractère sera de rajeunir, par une nouvelle investiture, et sous le souffle vivifiant de l'Église, cette royauté séculaire qui, malgré des erreurs et des fautes, cruellement expiées d'ailleurs, est demeurée fidèle à l'esprit chevaleresque et religieux de la France.

Dans ce mouvement national, il se fera un grand apaisement des partis, et les hostilités qui règnent encore entre les classes de la société disparaîtront. Les classes supérieures apporteront leur dévouement séculaire à la royauté, leurs souvenirs de famille qui se confondent souvent avec les gloires du pays, cette aptitude au maniement des grandes affaires que donne la haute naissance unie à la culture élevée des lettres et à la connaissance des hommes; la classe moyenne apportera son activité, son intelligence, sa science, et, nous l'espérons aussi, ce que l'on appelait naguère les mœurs sobres et austères; les classes populaires, véritable réservoir où les autres viennent se retremper, serviront à alimenter les qualités regardées de tout temps comme l'apanage de notre race, c'est-à-dire la vivacité de l'intelligence, l'énergie au travail, l'esprit guerrier, l'enthousiasme pour les belles et nobles entreprises.

La religion sera le lien entre les diverses classes, puisque nous savons de Dieu que les inégalités dans le partage des biens de la vie sont dans l'ordre de sa Providence, et dureront autant que le monde. L'Église sera le pouvoir modérateur qui servira à tempérer l'esprit de domination qui vient d'en haut, et l'esprit égalitaire qui s'agite toujours dans les masses; elle ne cessera pas, selon la belle expression de Joseph de Maistre, de rappeler au roi les droits de la liberté et au peuple ceux de l'autorité.

Ce gouvernement populaire et chrétien une fois fondé, la France se relèvera de ses ruines et effacera ses humiliations d'un jour.

« La société, par les dures épreuves traversées, aura
« appris ce qu'il faut à un peuple de mesure dans
« l'usage de ses droits, de respect envers les lois, de
« fidélité aux traditions, de soumission à l'autorité, de
« patience dans ses griefs et dans le redressement même
« des abus, pour conserver la liberté. » (M. Alfred Nettement.)

Une ère de véritable régénération commencera pour la patrie, et la royauté pourra se comparer au grand arbre dont parle l'Écriture, qui, sorti d'un grain de sénevé jeté en terre, a grandi à travers les âges. Son tronc séculaire a été frappé par la cognée du bûcheron;

mais il reprendra une nouvelle vigueur, il étendra au loin ses rameaux puissants, pour couvrir les vertes prairies, et, dans ses branches, les oiseaux du ciel viendront s'abriter.

X***,

Ancien député.

31 janvier 1873.

Imprimerie Eugène HEUTTE et C°, à Saint-Germain en Laye.